How to Get a Sri Lankan Driver's License?

<u>**Dedication**</u>

I would dedicated this book to the following people:

No one

Introduction

This is going to teach you how to get a driving license properly and legally for the first time. This will be of great help to anyone who has no knowledge of the process.

There are several key steps to get a license. Talking about each of these separately...

**1.** Medical examination

**2.** Registration

**3.** Written test

**4.** Practical testing

[For light vehicles all **18** years of age or older]

Medical examination

This is the first step in getting a license. That means you need a report on your health. The easiest place you can get this is the Verahera DMT / RMV. Because it is easy to do other things, try to get it from there. But I have to go in the morning because it's a little crowded. Can be taken every day of the week except public holidays. If you can be there at 8 in the morning, work is quick.

All you need to do is get a Medical (if you do not register on the same day) National Identity Card and Rs. 750 will suffice.

Or if you register on the same day, an original copy of the birth certificate (Not a photo copy) and Rs. 2800 ~ 3000 is required.

First take off your shoes / slippers and let them sit in line. Then an officer comes and checks the NIC and gives a form. No more filling in it. (Date, signature, requested)

He also tells you how to fill it.

That's where they keep track of your basics.

Remember the number on it. All the work of the day is done according to that number.

And then takes you inside.

First measure height / weight. Then go to the counter and ask for the NIC and the form and they will take your details and ask you to sit down to take the photo. Don't get too ready, sit down and let them take a photo. Because if you go there, there will be no more garbage.

(Don't be afraid, it doesn't hit the license, it only hits the medical)

Then give your NIC and ask to pay the money up front. You tell them the relevant form number and give them Rs.750. Then you will get a list like this.

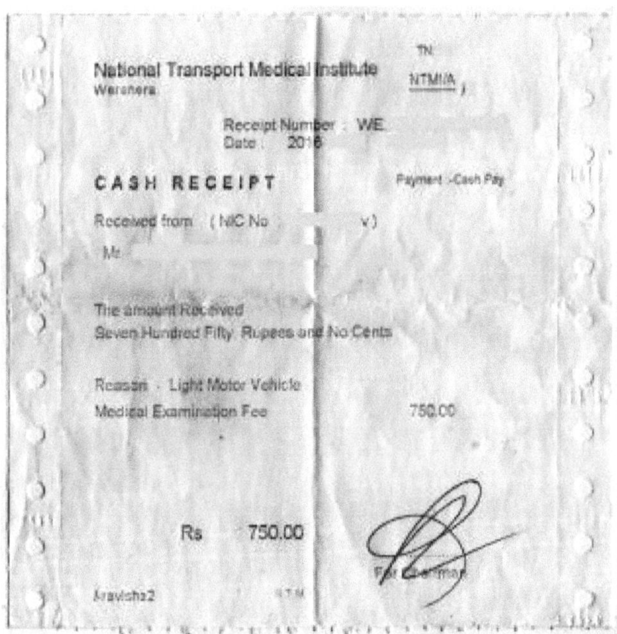

Then you have to wait for about **5** minutes until your Medical Report is printed. Until then they will show you where they are. Then call your number and give the report to show where you want to go for a blood test. After going there and checking, they will call your number again after a while and give you the report.

Now is the last thing.

Take the report and take it back to the room and examine them like eyesight / organ function with a few small exercises. This is where most people fail. But **99.9%** of those who enter pass to a large extent.

At the end of the exercise you will be told to stay outside until the report is completed.

Then call the number again and give the Medical Report to your own hand.

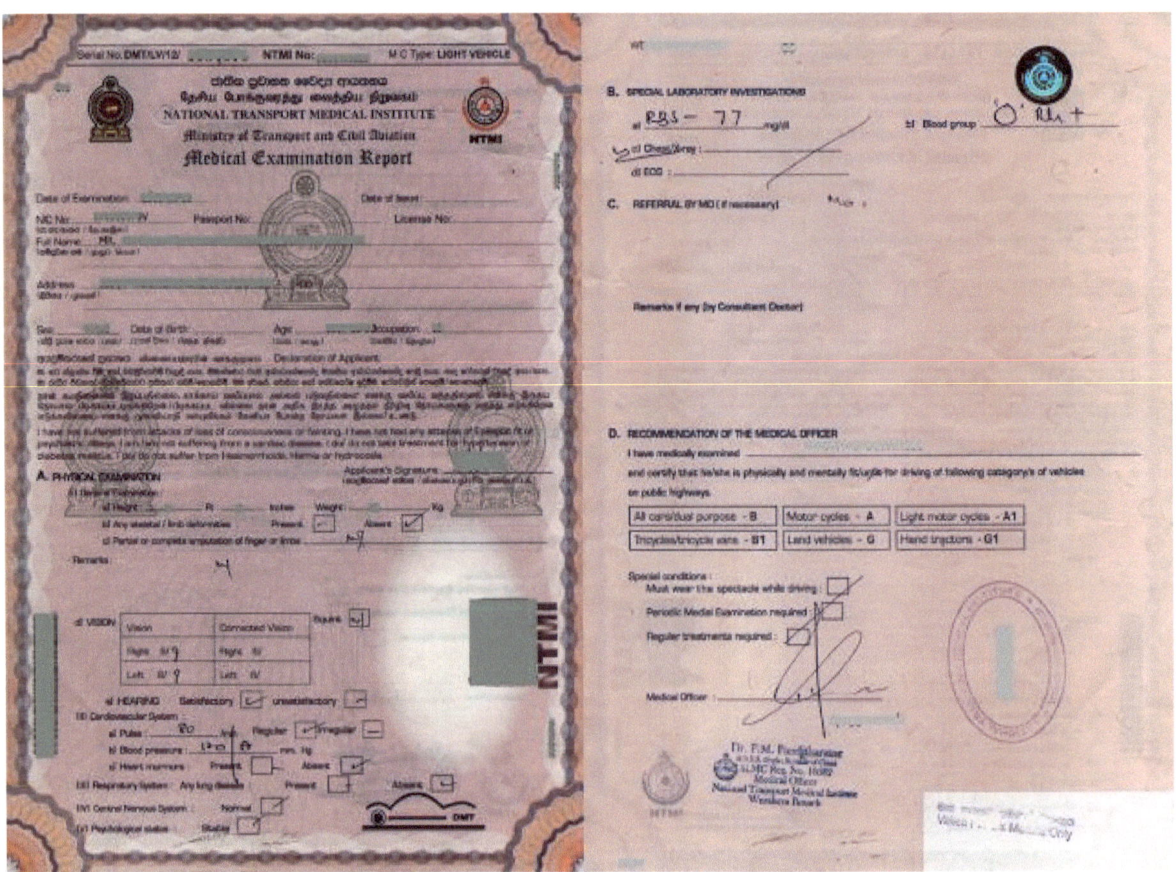

That's it!

<u>*Registration*</u>

Here it is!

 Medical Report, National Identity Card and Original Certificate of Birth Certificate (Not a photo copy) and Rs. **2800** ~ **3000** is required.

[To know the registration fee]

		Rs.
1	MotorBike	1850
	Threewheel	2000
	Car/Van	2000
2	MotorBike+Car/Van	2450
	MotorBike+Threewheel	2450
	Threewheel+Car/Van	2450
3 (All)	MotorBike+Threewheel+	2700

You need to take these and go to Verahera DMT / RMV and go to 'H' Hall. (Ask someone inside and show them how to get to the hall)

Once inside, give NIC and get a number. Then wait until I call you.

There are a lot of counters inside when I call you.

1. Where to take your License Photo and issue the License Form

2. Where to add your details

3. Where to register for a paid written test

 First you have to go to a crowded license form counter / queue.

When they go together, they take your license photo. Get the signature. Next we give the License Form.

All you have to do is fill in the red X letters as I have shown. Your details are printed in it.

In addition, you have to put '✓' marks on the other side for the vehicles you are applying for. (Light vehicles like this)

Next you need to take all this and go to a scanning counter. In that case your NIC, Medical Report, Birth Certfi., License Form will take their copies and ask you to go to the next counter and give the money back to yourself.

Now you go to their place and give the form and give the money. (It will cost around Rs. **2700** now)

They will give you a list (actually this is the written test application form)

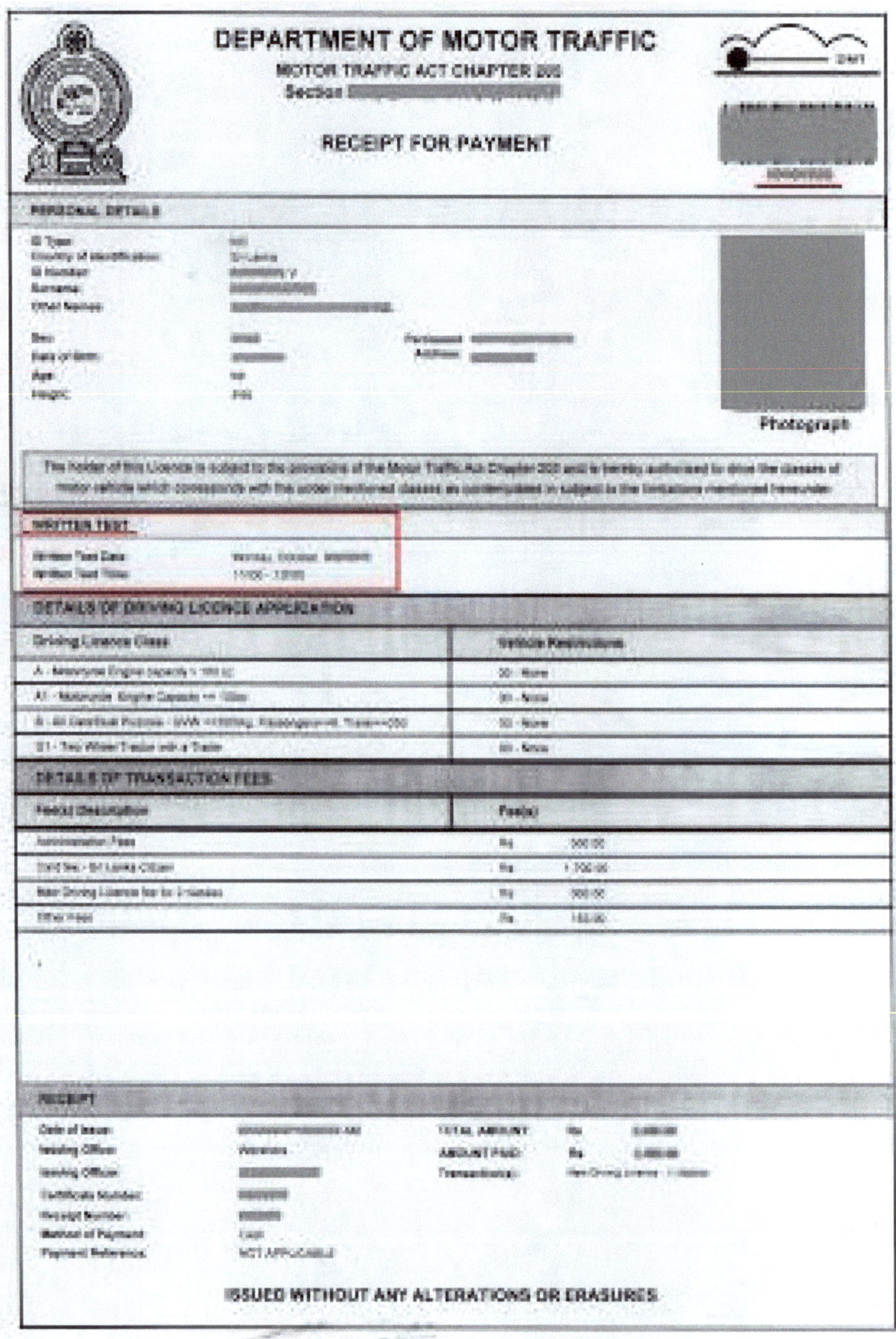

Then they give a date / time for the written test.

(Within about **10-15** days from the date of registration)

If you do not have a date, you can call and change it.

That's all!

Written test

All you have to do is answer the first **40** questions (the last **5** are for heavy vehicles) in a paper of **45** short questions.

But at least **30** must be correct to pass this.

Take a good look at this MODEL paper before the exam.

source: https://tm-tsoft.blogspot.com/

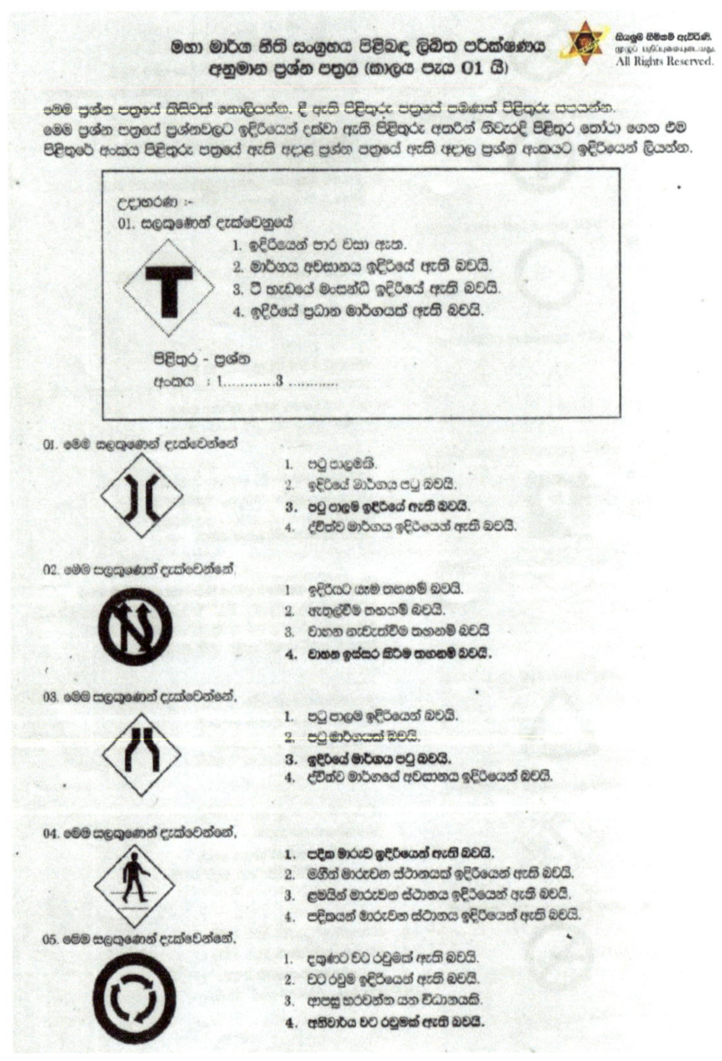

06. මෙම සලකුණෙන් දැක්වෙන්නේ

1. කාර් සහ මෝටර් සයිකල් ධාවනය තහනම් බවයි.
2. සියලුම වාහන නවතා තැබීම තහනම් බවයි.
3. **සියලුම වාහන සඳහා මාර්ගය වසා ඇති බවයි.**
4. කාර් හා මෝටර් සයිකල් ඇතුල්වීම සීමා කර ඇති බවයි.

07. මෙම සලකුණෙන් දක්වා ඇත්තේ,

1. ඔත්තේ දිනවල වාහන නැවැත්වීම තහනම් බවයි.
2. ඇතුල්වීම තහනම් බවයි.
3. **විරුද්ධ දිශාවෙන් වාහන පැමිණිය නොහැකි බවයි.**
4. ඔත්තේ දිනවල ඇතුල්වීම තහනම් බවයි.

08. මෙම සලකුණෙන් දක්වා ඇත්තේ,

1. වට රවුම ඉදිරියෙන් බවයි.
2. විරුද්ධ දිශාවේ සිට පැමිණීම තහනම් බවයි.
3. **මාර්ගය වසා ඇත.**
4. ඇතුල්වීම තහනම් බවයි.

09. මෙම සලකුණෙන් දැක්වෙන්නේ,

1. ඉදිරියට ගමන් කරන මාර්ගය බවයි.
2. වාහන ගමන් කළ හැක්කේ එක් දිශාවකට පමණක් බවයි.
3. **තහසි අසළට ගමන් කරන මාර්ගය බවයි.**
4. කෙලින් ගමන් කළ යුතු බවයි.

10. මෙම සලකුණෙන් දැක්වෙන්නේ,

1. පොලිස් ස්ථානය ඉදිරියෙන් ඇති බවයි.
2. වාහන නැවැත්වීම සීමා කර ඇති බවයි.
3. පේලියට වාහන නැවැත්විය යුතු බවයි.
4. **වාහන නවත්වන ස්ථානයක් බවයි.**

11. මෙම සලකුණෙන් දැක්වෙන්නේ,

1. **ආරක්ෂා කර නොමැති දුම්රිය සරස් මාර්ගය ඇති බවයි.**
2. ආරක්ෂා කර නොමැති දුම්රිය මාර්ගය ඉදිරියෙන් ඇති බවයි.
3. එකිනෙකා හරහා ගමන් කරන මාර්ගයක් ඇති බවයි.
4. හතර මංසන්ධිය ඉදිරියෙන් ඇති බවයි.

12. මෙම සලකුණෙන් දැක්වෙන්නේ,

1. ත්‍රිකෝණාකාර මංසන්ධිය ඉදිරියෙන් ඇති බවයි.
2. ඉදිරියෙන් ඉඩ දෙනු යන අදහසයි.
3. **මාර්ගය ඉඩ දෙනු යන අදහසයි.**
4. ප්‍රධාන පාර ඉදිරියෙන් ඇති බවයි.

13. මෙම සලකුණෙන් දැක්වෙන්නේ,

1. ඉදිරියෙන් ඉඩ දෙනු යන අදහසයි.
2. ප්‍රමුඛතා මාර්ගය බවයි.
3. **ප්‍රමුඛතා මාර්ගයේ අවසානය බවයි.**
4. වාහන ඇතුල්වීම සීමා කර ඇති බවයි.

14. මෙම සලකුණෙන් දැක්වෙන්නේ,

1. රෝහලක් ඉදිරියෙන් ඇති බවයි.
2. උසාවිය ආසන්නයේ ඇති බවයි.
3. **නලා ශබ්ද කිරීම තහනම් බවයි.**
4. පාසැලක් ඉදිරියෙන් ඇති බවයි.

15. මෙම සලකුණෙන් දැක්වෙන්නේ,

1. ද්විත්ව මාර්ගය අවසානය බවයි.
2. ඔත්තේ දිගවල වාහනය නැවැත්වීම තහනම් බවයි.
3. ඉරට්ටේ දිනවල වාහන නැවැත්වීම තහනම් බවයි.
4. ඉස්සර කිරීම තහනම් බවයි.

16. මෙම සලකුණෙන් දැක්වෙන්නේ,

1. ඉදිරියෙන් එන වාහන වලට පුළුඹතාවය දිය යුතු බවයි.
2. ඉදිරියට යන වාහන වලට පුමුබත්වය දිය යුතුයි.
3. ඉදිරියෙන් පැමිණෙන වාහනයෙන් ප්‍රවේශම් වන්න යන අදහසයි.
4. ඉදිරියෙන් ප්‍රධාන මාර්ගයට ඇතුල්වන බවයි.

17. මෙම සලකුණෙන් දැක්වෙන්නේ,

1. දුම්රියෙන් ප්‍රවේශම් විය යුතු බවයි.
2. ආරක්ෂා කර නොමැති දුම්රිය හරස් මාර්ගයක් බවයි.
3. ආරක්ෂා කර නොමැති දුම්රිය හරස් මාර්ගය ඉදිරියෙන් බවයි.
4. දුම්රිය ඉදිරියෙන් පැමිණිය හැකි බැවින් ප්‍රවේශම් වන්න යන්නයි.

18. මෙම සලකුණෙන් දැක්වෙන්නේ,

1. වැලමීටි වංගුව ඉදිරියෙන් ඇති බවයි.
2. U හැඩයට සිටින සේ නැවීම තහනම් බවයි.
3. දකුණු පැත්තට නැරවීම තහනම් යන අදහසයි.
4. ඉදිරියෙන් මාර්ගය අවසන් බවයි.

19. මෙම සලකුණෙන් දැක්වෙන්නේ,

1. මාර්ගය ඉදිරියෙන් පටු බවයි.
2. මාර්ග දෙකක් එක් වන ස්ථානය ඉදිරියෙන් ඇති බවයි.
3. ද්විත්ව රථ මාර්ගයේ අවසානය ඉදිරියෙන් බවයි.
4. ඉදිරියෙන් මාර්ගය අවසන් වන බවයි.

20. මෙම සලකුණෙන් දැක්වෙන්නේ,

1. විදුලි ආලෝක සංඥාව යන අදහසයි.
2. නවතිනු යන අදහසයි.
3. ඉඩ දෙනු යන අදහසයි.
4. වට රවුම් ඉදිරියෙන් ඇති බවයි.

21. වාහනය මහා මාර්ගයේ පදවා යන ඔබ, මගීන් මාරු වන ස්ථානයක් ඉදිරියෙන් ඇති බවට මාර්ග සංඥාව

1. ඉක්මණින් මගීන් පැමිණීමට පෙර මගීන් මාරුවන ස්ථානය පසු කර යෑම සඳහා වේගය වැඩි කළ යුතුය.
2. වාහනය නතර කර ගැනීමට බලාපොරොත්තු වන වේගය පාලනය කර ධාවනය කළ යුතුය.
3. මහා මාර්ගය හොඳින් නිරීක්ෂණය කර ඉස්සර කිරීමට හැකිදැයි පරීක්ෂා කර තීරණය කළ යුතුය.
4. ඉදිරි වාහනයේ රියදුරු ඉස්සර කිරීමට සංඥා කළ විට එය කිරීම අවශ්‍ය නැත.

22. ඉදිරියෙන් යන වාහනය ඉස්සර කිරීමට ඔබට අවශ්‍ය නම්

1. ඉදිරි මාර්ගය පැහැදිලිව පෙනෙන්නේ දැයි පරීක්ෂා කළ යුතුය.
2. මහා මාර්ගයේ ඉඩ තිබෙන ස්ථානයක් දැයි පරීක්ෂා කළ යුතුය.
3. මහා මාර්ගය හොඳින් නිරීක්ෂණය කර ඉස්සර කිරීමට හැකි දැයි පරීක්ෂා කර තීරණය කළ යුතුය.
4. ඉදිරි වාහනයේ රියදුරු ඉස්සර කිරීමට සංඥා කළ විට එය කිරීම අවශ්‍ය නැත.

23. ඔබ ඉදිරියේදී දකුණට හැරවිය යුතු නම් ගමන් කළ යුත්තේ,

    1. මාර්ගයේ වම් පස තීරුවේය.

    2. දකුණු පැත්තට ගෙන යා යුතුය.

    3. මාර්ගයේ මධ්‍ය රේඛාවට ආසන්නම ධාවන තීරුවේය.

    4. තමා කැමති ඕනෑම තීරුවක් භාවිතා කළ හැක.

24. ඔබ ඉදිරියේ වම් පැත්තේ නතර කළ යුතු බව දන්නේ නම් වාහනය ගමන් කරවිය යුත්තේ,

    1. ඕනෑ තීරු භාවිතා කිරීමට අවශ්‍ය නැත.

    2. මාර්ගයේ මැද තීරුවේය.

    3. මාර්ගයේ දකුණු පැත්තෙය.

    4. මාර්ගයේ වම් පස තීරුවේය.

25. අතුරු මාර්ගයකින් ප්‍රධාන මාර්ගයට ඔබ පිවිසෙන විට,

    1. දකුණු පැත්ත බලා වාහන නොමැති නම් මාර්ගයට ගැනීමට සුදුසුය.

    2. වම් පැත්ත බලා වාහන නොමැති නම් මාර්ගයට ගැනීමට සුදුසුය.

    3. මාර්ගයේ දෙපසම සාර්ථකවම නිරීක්ෂණය කිරීමෙන් පසු මාර්ගයට ගැනීමට සුදුසු වෙයි.

    4. ප්‍රධාන පාරේ වාහන තදබදයක් නොමැති නම් වමෙන් ඇතුළු විය හැක.

26. ඔබට පිටුපසින් පැමිණෙන වාහනයට ඔබව ඉස්සර කිරීමට අවශ්‍ය බව හැඟී ගියොත් ඔබ විසින් කළ යුතු වන්නේ,

    1. වාහනයේ වේගය අඩු කර වම් පසින් ධාවන කර ඉස්සර කිරීමට ඉඩදීමයි.

    2. වම්පස සිග්නල් ලාම්පු දල්වා ඔහුට යන ලෙස දැන්වීමය.

    3. වාහනය තවත් පාර මැදට ගෙන ඔහුට ඉස්සර වීමට ඉඩ නොදී ගමන් කිරීමයි.

    4. පසු පසින් එන වාහනය ගැන සැලකිලිමත් වීම අවශ්‍ය නැත.

27. ඔබ වාහනය පදවාගෙන යන අවස්ථාවේ ඔබගේ ජංගම දුරකථනය නාද වුවහොත්,

    1. එක් අතකින් සුක්කානම හසුරුවාගෙන අනික් අතින් දුරකථනය ගෙන ප්‍රතිචාර දැක්විය යුතුය.

    2. දුරකථනයට ප්‍රතිචාර දැක්වීමට අවශ්‍ය නම් වාහනය ඈත් කර නවතා සුබ දුරකථනයට ප්‍රතිචාර දැක්විය යුතුය.

    3. ජංගම දුරකථනය රැගෙන යාම නොකළ යුතුය.

    4. නාගරික ප්‍රදේශ වලදී පමණක් දුරකථනය ගෙන ප්‍රතිචාර දැක්විය නොහැක.

28. ඔබ වාහනය පදවාගෙන යන අවස්ථාවකදීම මාර්ගයේ ඉදිරියේ බාධකයක් නිසා වාහන පේළියක් එක් වාහනයක් පිටුපසට එක් වාහනයක් නතර කර තිබෙන විට ඔබ කළ යුත්තේ,

    1. සියලුම වාහන ඉස්සර කර ගෙන ගොස් බාධකය ඇති තැනකට පිවිසීමයි.

    2. මාර්ගයේ නතර වී ඇති අවසාන වාහනයට පිටුපසින් නතර කර සිටීමයි.

    3. නලාව ශබ්ද කර තමාට ඉක්මණින් යා යුතු බව දැන්වීමයි.

    4. විරුද්ධ දිශාවෙන් වාහන නොමැති නම් මාර්ගයේ අනුකූ පැත්තෙන් ගමන් කළ හැක.

29. ඔබ වාහනය පදවාගෙන යන අවස්ථාවක ඉදිරියේ මාර්ගය අයිනේ බස් රථයක් නතර කර මගීන් බසිමින් සිටී නම් ඔබ කළ යුත්තේ,

    1. මගීන් පාර මාරුවීමට පුළුවන් හැකි ඉක්මණින් බස් රථය ඉස්සර කර ගැනීමය.

    2. බස් රථයට පසු පසින් ඔබද නතර කර සිටීමයි.

    3. මගීන් මාරුවේ යැයි බලාපොරොත්තුවෙන් නතර කර ගැනීමට හැකි වන සේ වේගය අඩු කර ධාවනය කිරීමයි.

    4. නතර කර ඇති වාහන ගැන සැලකිලිමත් වීම අවශ්‍ය නැත.

30. ඔබ වාහනය පදවාගෙන යන අවස්ථාවකදී, ඉදිරියේ රථවාහන ආලෝක සංඥා සහිත මං සන්ධියක් බව දැනගත් විට,

    1. සෑම අවස්ථාවකදීම සංඥා ලාම්පුවලට අවනතව ධාවනය කළ යුතුය.
    2. මංසන්ධිය අසල දී නතර කර ගැනීමට සුදානම් විය යුතුය.
    3. ඉදිරියෙන් ගමන් කරන වාහනය කරන දේ තමාද කළ යුතුය.
    4. වේගය වැඩි කර හැකි ඉක්මනින් මංසන්ධිය පසු කළ යුතුය.

31. රාත්‍රී කාලයේදී වාහනයක් ධාවනය කිරීමේදී

    1. වාහන තදබදය අඩු නිසා වේගයෙන් ධාවනය කළ හැකිය.
    2. පෙනීම සීමාසහිත බැවින් වඩා සුපරීක්ෂාකාරීව ධාවනය කළ යුතුය.
    3. ප්‍රධාන පහන් හොඳින් ඇති විට සැලකිලිමත්වීම අවශ්‍ය නැත.
    4. වාහනයේ තලාව හැකි පමණ පාවිච්චි කළ යුතුය.

32. සංඥා එළි සහිත මංසන්ධියකදී පොලිස් නිලධාරී මහතෙකු වාහන පාලනය කරයි නම්, ඔබ ක්‍රියා කළ යුත්තේ,

    1. පොලිස් නිලධාරී මහතාගේ ආඥා අනුවය.
    2. සංඥා එළියෙන් දැක්වෙන ආඥා පරිදිය.
    3. ඔබට රිසි පරිදිය.
    4. දකුණට හැරවීමේදී පමණක් පොලිස් නිලධාරියාගේ ආඥාට අවනත විය යුතුය.

33. ඔබ පදවන වාහනය අතරමගදී ආපදාවකට ලක් වුවහොත් ඔබ කළ යුත්තේ,

    1. වාහනයේ පහන් දල්වා නතර කළ හැක.
    2. ආපදාවකට ලක් වූ තැනම නතර කිරීමය.
    3. හැකිතාක් දුරට වාහනය ධාවනය කර යාමය.
    4. හැකි උපරිම මට්ටමෙන් මාර්ගය අවහිර නොවන පරිද වාහනය නතර කිරීමයි.

34. වැසි සහිත කාලගුණයක් ඇති අවස්ථාවක, වාහනය පදවන විට දී සැම විටම කළ යුත්තේ,

    1. අඩු ගියරයක හෙමින් පැදවීමයි.
    2. වැඩි ගියරයක වේගයෙන් පැදවීමයි.
    3. වැඩි ගියරයක හෙමින් පැදවීමයි.
    4. වාහනයේ ටයර් හොඳින් ඇති විට සැලකිලිමත් වීම අවශ්‍ය නැත.

35. බෑවුම සහිත මාර්ගයක වාහනය ධාවනය කිරීමේදී,

    1. ගියරයක පැදවිය යුතුය.
    2. අඩු ගියරයක පැදවිය යුතුය.
    3. ගියර් නොමැතිව (නියුට්‍රල්) තත්ත්වයේ පැදවිය යුතුය.
    4. හැකි තරම් වේගයෙන් ගත යුතුය.

36. තැනිතලා බිමක වාහන නවතා තැබීමේදී ඔබ කළ යුතු වැදගත් කාරණයක් වන්නේ,

    1. නවතා තැබීමේ තිරිංග නිසි පරිද යෙදීමයි.
    2. දිවා කාලයේ වුවද නැවතුම් පහන් දල්වා තැබීමයි.
    3. ඉදිරි රෝද දකුණට හරවා නවතා තැබීමයි.
    4. දොර අගුළු හොඳින් වසා තැබීමයි.

37. අවදානම් නැගවීමේ පහන් දැල්විය යුත්තේ,

    1. හතර මං සන්ධි ඉදිරියට ගමන් කරන විට ය.
    2. අවදානම් ස්ථානයකදී වාහනයකට ඉස්සර කරන විටය.
    3. මහා මාර්ගයේ ආපදාවකට ලක් වූ වාහනයක් නවතා තබන විටදිය.
    4. වාහනයක් රෝගී පුද්ගලයින් ගෙන යන අවස්ථාවකදීය.

38. මෝටර් වාහනයකට ඉන්ධන පිරවීමේදී,

1. වාහනයේ එන්ජිම පණ ගන්වා තිබ්ඩියදී ඉන්ධන පිරවිය යුතුය.
2. **ඉන්ධන පුරවන අවස්ථාවේදී එන්ජිම නවතා තැබිය යුතුය.**
3. එන්ජිමේ තෙල් නියමිත ප්‍රමාණයට ඇත්දැයි අනිවාර්යයෙන් පරීක්ෂා කළ යුතුය.
4. ඉන්ධන ලබා ගැනීමේදී එන්ජිම ගැන සැලකිලිමත් වීම අවශ්‍ය නැත.

39. නව අංක තහඩු ක්‍රමය යටතේ ලබා දෙනු ලබන වාහන අනන්‍යතා පත්‍රය (VIC)

1. **සෑම විටම වාහනය තුළ තබා ගත යුතුය.**
2. නිවසේ ආරක්ෂිත ස්ථානයක සුරක්ෂිතව තැබිය යුතුය.
3. වාහන අයිතිකරු ළඟ තබා ගත යුතුය.
4. අනන්‍යතා පත්‍රය (VIC) පිළිබඳ සැලකිලිමත් වීම අවශ්‍ය නැත.

40. ඔබ රාත්‍රී කාලයේ දී වාහනයක් පදවාගෙන යන විට වෙනත් වාහනයක් ඉදිරියෙන් පැමිණෙන අවස්ථාවකදී ඔබ විසින් කළ යුත්තේ,

1. **වාහනයේ ප්‍රධාන පහන් අවපාත කිරීමය.**
2. වාහනයේ ප්‍රධාන පහන් නිවා දැමීයි.
3. වාහනයේ තලාව ක්‍රියා විරහිත කිරීමය.
4. ඉදිරි වාහනයේ පහන් අවපාත කළහොත් පමණක් පහන් අවපාත කළ යුතුය.

41. වාහනය පදවාගෙන යන අවස්ථාවක එක විටම තිරිංග පද්ධතියට සම්බන්ධ පාලන බල්බිය දැල්වුනහොත් ඔබ විසින් කළ යුතු වන්නේ,

1. ගමනාන්තය දක්වා ප්‍රවේශමෙන් ගමන් කිරීමයි.
2. **වාහනය වහාම නවත්වා තිරිංග තෙල් ඇත්දැයි පරීක්ෂා කිරීම**
3. කාර්මිකයෙකු ගෙන්වා පරීක්ෂා කරන තුරු වාහනය නතර කර තැබීමයි.
4. වාහනය ආසන්නයේම ඇති ගරාජයට ගෙන යාමයි.

42. වාහනයේ ටයර් වල වායු පීඩනය අඩු වූ විට,

1. **ටයර් වල දෙපැත්ත ගෙවී මැද ඉතිරි වේ.**
2. ටයර් වල මැද ගෙවී දෙපැත්ත ඉතිරි වේ.
3. ටයර් ගෙවීමට හුළං ඩලපාන්නේ නැත.
4. ටයර් වල එක පැත්තක් පමණක් වැඩියෙන් ගෙවේ.

43. සුක්කානම් පද්ධතියේ නිදහස් වලය වැඩි වන්නේ.

1. **සුක්කානම් පද්ධතියේ කොටස් ගෙවී ඇති විට**
2. ඉදිරි රෝද වල වායු පීඩනය වැඩි වූ විට
3. ඉදිරි රෝද වල වායු පීඩනය අඩු වූ විට
4. ඉදිරි ටයර් ගෙවී ඇති විට

44. ඔබ පදවාගෙන යන වාහනයේ එන්ජිම අධික ලෙස රත්වීම නිසා වතුර බොයිල් කිරීමක් ඇති වුවහොත් අඩු වතුර පිරවීමේදී,

1. එන්ජිම නවතා වතුර පිරවිය යුතුය.
2. **එන්ජිම ධාවනය වෙමින් තිබ්ඩියද වතුර පිරවිය යුතුය.**
3. ඉහත කරුණු දෙකම නිවැරදිය.
4. වාහනයේ එන්ජිම ගැන සැලකිලිමත් වීම අවශ්‍ය නැත.

45. ඔබ පදවාගෙන යන වාහනයේ විදුලි දෝෂයක් නිසා ටයර් පිලිස්සෙන ගදක් ඇති වුවහොත් වහාම කළ යුතු වන්නේ

1. ප්‍රධාන ස්විචය ක්‍රියා විරහිත කිරීමයි.
2. පියුස් (ඒලයක) ගැලවීමයි.
3. **බැටරි වයර් ගැලවීමයි.**
4. වාහනයේ සියලුම පහන් නිවා දැමීමයි.

මෙම ප්‍රශ්න පත්‍රයේ කිසිවක් නොලියන්න. දී ඇති පිළිතුරු පත්‍රයේ පමණක් පිළිතුරු සපයන්න.
මෙම ප්‍රශ්න පත්‍රයේ ප්‍රශ්නවලට ඉදිරියෙන් දක්වා ඇති පිළිතුරු අතරින් නිවැරදි පිළිතුර තෝරා ගෙන එම
පිළිතුරේ අංකය පිළිතුරු පත්‍රයේ ඇති අදාළ ප්‍රශ්න පත්‍රයේ ඇති අදාළ ප්‍රශ්න අංකයට ඉදිරියෙන් ලියන්න.

උදාහරණ :-

01. සලකුණෙන් දැක්වෙන්නුයේ

   1. ඉදිරියෙන් පාර වසා ඇත.
   2. මාර්ගය අවසානය ඉදිරියේ ඇති බවයි.
   3. ටී හැඩයේ මංසන්ධි ඉදිරියේ ඇති බවයි.
   4. ඉදිරියේ ප්‍රධාන මාර්ගයක් ඇති බව යි.

පිළිතුර - ප්‍රශ්න
අංකය : 1 ....3 ....

---

01. මෙම සංඥාවෙන් දැනුම දෙන්නේ.

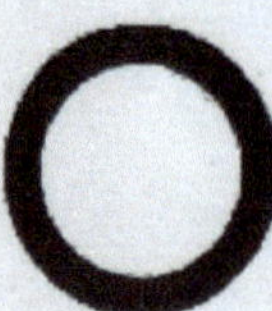

   1. ඉදිරියෙන් නවතිනු.
   2. මාර්ගය වසා ඇත.
   3. ඇතුල්වීම තහනම්
   4. ඉදිරියෙන් වට රවුමකි.

02. මෙම සංඥාවෙන් දැනුම දෙන්නේ.

   1. එම ප්‍රදේශය තුළ පැදවිය හැකි උපරිම වේගය බවයි
   2. එම ප්‍රදේශය තුළ පැදවිය හැකි සාමාන්‍ය වේගය බවයි.
   3. සඳහන් වේග සීමාවේ අවසානය බවයි.
   4. නාගරික ප්‍රදේශයට ඇතුල්වන බවයි.

03. මෙම සංඥාව

   1. අනතුරු හැගවීමේ සංඥාවකි.
   2. පාලන සංඥාවකි.
   3. තොරතුරු සංඥාවකි.
   4. තහනම් සංඥාවකි.

04. මෙම සලකුණෙන් දැක්වෙන්නේ.

   1. ඉදිරියෙන් වමට හැරවිය යුතු බවයි
   2. දකුණට වංගුව ඉදිරියෙන් බවයි.
   3. වමට හැරවිය යුතු බවයි.
   4. වමට වංගුව ඉදිරියෙන් බවයි.

05. මෙම සලකුණෙන් දැක්වෙන්නේ,

1. ඉදිරියෙන් මාර්ගය පටු බවයි.
2. පළල් වාහන ගමන් කිරීම තහනම් බවයි.
3. **පටු පාලමක් ඉදිරියෙන් බවයි.**
4. ද්විත්ව මාර්ගය ඉදිරියෙන් බවයි.

06. මෙම සලකුණෙන් දැක්වෙන්නේ,

1. ඉදිරියෙන් ප්‍රධාන මාර්ගය බවයි.
2. වම් පැත්තෙන් එන වාහන වලට ප්‍රමුඛත්වය දෙන ලෙස දැනුම් දීමයි.
3. U හැඩියේ මංසන්ධියක් ඉදිරියෙන් බවයි.
4. **වම් පැත්තෙන් එන රථ වාහන ප්‍රධාන මාර්ගයට එක්වන සන්ධිය ඉදිරියෙන් බවයි.**

07. මෙම සලකුණෙන් දැක්වෙන්නේ,

1. **දකුණු පැත්තට වැලමිට වංගුව ඉදිරියෙන් බවයි.**
2. ඉදිරියෙන් U හැඩියට හැරවීමට හැකි බවයි.
3. වම් පැත්තට වැලමිට වංගුව ඉදිරියෙන් බවයි.
4. ඉදිරියෙන් U හැඩියට හැරවීමට හැකි බවයි.

08. මෙම සලකුණෙන් දැක්වෙන්නේ,

1. පදිකයන් මාරුවන ස්ථානයකි.
2. **පදිකයන් මාරුවන ස්ථානය ඉදිරියෙන් බවයි.**
3. වාහන නවතා පාර මාරුවීමට ඉඩ දෙන ස්ථානයකි.
4. පාසැල් ළමුන් මාරුවන ස්ථානය ඉදිරියෙන් බවයි.

09. මෙම සලකුණෙන් දැක්වෙන්නේ,

1. හතරමං හන්දියක් ඉදිරියෙන් බවයි.
2. අනිවාර්යය වට රවුම බවයි.
3. පාර වසා ඇති බවයි.
4. **වට රවුම ඉදිරියෙන් බවයි.**

10. මෙම සලකුණෙන් දැක්වෙන්නේ,

1. වාහන නැවැත්වීමට තහනම් නමුත් බඩු පැටවීමට තහනම් නැති බවයි.
2. වාහන නැවැත්වීම සම්පූර්ණයෙන් තහනම් බවයි.
3. **ඔත්තේ දින වල වාහන නැවැත්වීම තහනම් බවයි.**
4. වාහන නැවැත්වීම සම්පූර්ණයෙන් තහනම් බවයි.

11. වාහනයක් ඉස්සර කිරීමේ දී අනුගමනය කළ යුත්තේ,

1. **3,4 වැනි වැඩි ගියරයක් තෝරා ගැනීම මගින් වැඩි වේගයක් ලබා දීම.**
2. 1,2 වැනි අඩු ගියරයක් තෝරා ගැනීම මගින් වැඩි බලයක් ලබාදීම.
3. 1,2 වැනි අඩු ගියරයක් තෝරා ගැනීම මගින් අඩු බලයක් ලබාදීම.
4. **3,4 වැනි වැඩි ගියරයක් තෝරා ගැනීම මගින් වැඩි බලයක් ලබාදීම.**

12. ධාවන තීරු තුනකින් යුතු මාර්ගයක් තුන්වන තීරුව භාවිතා කළ යුත්තේ,

    1. අධික වේගයෙන් ධාවනය කිරීම සඳහා ය.
    2. වෙනත් වාහනයක් පසු කර යෑමට ය.
    3. වෙනත් වාහනයක් පසු කර යෑමට හෝ දකුණට හැරවීමට හෝ අනතුරක් වලක්වා ගැනීමට ය.
    4. දකුණට හැරවීමට ය.

13. මහා මාර්ගෝපදේශ සංග්‍රහයේ අනතුරු හැඟවීමේ සංඥා වල වර්ණය වනුයේ,

    1. රතු, සුදු හා නිල් පැහැය.
    2. සුදු පසුතලයේ රතු පැහැය.
    3. කහ පසුතලයේ කළු පැහැය.
    4. රතු සුදු හා කළු පැහැය.

14. ප්‍රධාන මාර්ගයට ඇතුළුවීමේ දී ඔබ ඉඩදිය යුත්තේ,

    1. දකුණෙන් එන වාහන වලට ය.
    2. දකුණෙන් හා වමෙන් එන වාහන වලට ය.
    3. ඉදිරියෙන් එන වාහන වලට ය.
    4. වමෙන් එන වාහනවලට ය.

15. රාත්‍රී කාලයේ දී ධාවනයේ දී ඉදිරියෙන් එන වාහනයේ ප්‍රධාන පහන් ආලෝකය අඩු (අවපාත) නොකළ විට ඔබ කළ යුත්තේ,

    1. වහාම ප්‍රධාන පහන් ආලෝකය වැඩි කර ගැනීමයි.
    2. වාහනයේ වේගය අඩු කරගැනීම ය.
    3. වාහනයේ වේගය අඩු කර ගැනීම හෝ නවත්වා ගැනීමට ක්‍රියාකිරීමය.
    4. වාහනයේ පහන් වහාම නිවා දැමීමයි.

16. සුදු පාට තනි ආයත රේඛාවක් මාර්ගයේ මැද සලකුණු කර ඇති විට,

    1. ඉර කපා දකුණට හැරවිය යුතු ය.
    2. ඉර කපා දකුණට හැරවීම හා ඉස්සර කිරීම කළ හැක.
    3. ඉර කපා ඉස්සර කිරීම කළ හැක, දකුණට හැරවිය නොහැක.
    4. ඉර කපා දකුණට හැරවිය හැක. ඉස්සර කිරීම කළ නොහැක.

17. වාහනයක් පිටුපසට පැදවීමේදී අනුගමනය කළ යුතු ක්‍රියා මාර්ගය පිළිවෙලින්,

    1. තමාට රිසි සේ වාහනය පිටුපසට පැදවිය හැක.
    2. වාහනය පාර අයිනට සමාන්තරව නවත්වා අතුරු මාර්ගයේ අවම දුරින් පිටුපසට පැදවීමය.
    3. වාහනය පාර අයිනට සමාන්තරව නොවන සේ නවත්වා අතුරු මාර්ගයේ අවම දුරින් පිටුපසට පැදවීමයි.
    4. වැඩි ගියරයක් තෝරා ගැනීම මගින් වැඩි බලයක් ලබා දීම.

18. ඉස්සර කිරීම නොකළ යුත්තේ,

    1. රෝහලක් ඉදිරියෙන් ඇති අවස්ථාවක.
    2. පාර මැද ඇති සුදු පාට කඩ ඉර ඇති අවස්ථාවක.
    3. කන්දක් මුදුනෙන් ඇති අවස්ථාවක.
    4. පාසැලක් ඉදිරියෙන් ඇති අවස්ථාවක.

19. පද්දික මාරුව හඟවන සංඥා පුවරුව දුටු විට කළ යුත්තේ,

    1. පද්දිකයෙකු සිටී දැයි පරීක්ෂා කිරීම.
    2. කහ ඉරට මෙපිටින් වාහනය නවත්වා ගැනීම යි.
    3. වාහනයේ වේගය අඩු කර ගැනීම යි.
    4. මාර්ග තදබද ඇති විට පමණක් සැලකිලිමත් විය යුතුය.

20. යාමට සුදනම් වීම සඳහා ආලෝකය සංඥා වල,

    1. කොළ පාට පහන දැල්වෙයි.
    2. කහපාට පහන දැල්වේ.
    3. කහපාට සමඟ රතු පාට පහන දැල්වේ.
    4. රතු පාට පහන දැල්වේ.

21. 'වටවංගු' නීතියෙහි මූලික අරුත වනුයේ,

    1. තමන්ට දකුණු පසින් එන අයට ඉඩදීම යි.
    2. තමන්ට වම් පසින් එන අයට ඉඩදීම යි.
    3. පාරේ තමන්ට දෙපසින් එන අයට ඉඩදීම යි.
    4. සෑම විටම වම් පසින් වටරවුමට ඇතුල්වීම යි.

22. වට වංගුවක් කරා එන විට ඉදිරියෙන් කහ පැහැ පහන දැල්වුවහොත්,

    1. දකුණින් එන අයට ඉඩදිය යුතු ය.
    2. වමෙන් එන අයට ඉඩ දිය යුතු ය.
    3. ආලෝක සංඥා විධානයට අවනත විය යුතු ය.
    4. ආලෝක සංඥා මඟින් පාලනය නොකරයි.

23. වට වංගුවක් කරා එන විට ඉදිරියෙන් කහ පැහැ ආලෝක සංඥා නිවෙමින්, දැල්වෙමින් පැවතුනහොත්,

    1. කෙලින්ම ඉදිරියට යා යුතු ය.
    2. වට වංගුවේ නීතිය අනුගමනය කළ යුතු ය.
    3. වට වංගුවේ නීතිය එවිට ක්‍රියාත්මක වන්නේ නැත.
    4. වට වංගුව කෙරෙහි ඔබගේ වැඩි අවධානය ලබා දීම සඳහා
       යොදාගෙන ඇත.

24. වාහන වල අඳුරු පැහැ ගන්වනු ලබන විදුරු සඳහා දැනට ඇති රෙගුලාසි වනුයේ,

    1. සියලුම විදුරු අඳුරු කළ නොහැක.
    2. ඉදිරි දොර දෙකෙහි විදුරු හා ඉදිරි වාමුවාවේ උසින් පහෙන්
       හතර පංගුවක් යට කොටසින් අඳුරු කළ නොහැක.
    3. සියලුම විදුරු අඳුරු කළ හැක.
    4. වාමුවා හැර අනෙකුත් සියලුම විදුරු අඳුරු කළ හැක.

25. රථ වාහන ආලෝක සංඥාවල කොළ බල්බය දැල්වේ නම් ඊලඟ අවස්ථා වනුයේ,

    1. කොළ තිබිය දී කහ පැහැය දැල්විමයි.
    2. කොළ නිවී ගොස් රතු පැහැය දැල්විමයි.
    3. කොළ නිවී ගොස් කහ පැහැය දැල්විමයි.
    4. කොළ නිවී රතු හා කහ එකවර දැල්විමයි.

26. රථ වාහන ආලෝක සංඥාවල රතු බල්බය දැල්වේ නම් ඊලඟ අවස්ථාව වනුයේ,

    1. රතු නිවී ගොස් කහ බල්බය දැල්විමයි.
    2. රතු එසේම තිබිය දී කහ බල්බය දැල්විමයි.
    3. රතු නිවී ගොස් කොළ දැල්විමයි.
    4. රතු නිවී ගොස් කොළ හා කහ එකවර දැල්විමයි.

27. රිය අනතුරකින් පොලිස් ස්ථානයට වාර්තා කිරීම සඳහා දී ඇති සහන කාල සීමාවේ උපරිම කාලය.

    1. පැය 12
    2. පැය 24
    3. පැය 48
    4. පැය 36

28. වාහනයක් මාර්ගයේ අනතුරකට පත් වූ විටක,

    1. එම වාහනය එම ස්ථානයේ ම තැබිය යුතු ය.
    2. අන් වාහන වලට අවහිර වීම වලකා මාර්ගයෙන් අයින් කිරීම සඳහා අවසර ඇත.
    3. එම වාහනයේ පිහිටීම සලකුණු කොට රෝගීන් ප්‍රවාහනය කිරීම සඳහා අවසර ඇත.
    4. කිසිම හේතුවක් නිසාවත් වාහන ඉවත් කළ නොහැක.

29. වාහනයක් ධාවනයේ දී මීටර් පුවරුවේ රතු බල්බයක් දැල්වේ නම්,

    1. වාහනය ගමනාන්තය දක්වා ප්‍රවේශමෙන් ධාවනය කිරීම සුදුසු ය.
    2. විශේෂ අවධානයක් යොමු කිරීම අවශ්‍ය නොවේ.
    3. වාහනය වහාම නතර කර දෝෂය කුමක්දැයි තහවුරු කරගත යුතුය.
    4. ආසන්නයේ ඇති ගරාජයට ධාවනය කළ යුතු ය.

30. මහා මාර්ගයේ ධාවනය කිරීමට සුදුසු වාහනයක් වනුයේ,

    1. වලංගු ආදායම් බලපත්‍රය හා රක්ෂණ සහතිකය පමණක් තිබිය යුතු ය.
    2. සුක්කානම, තිරිංග හා ටයර් පමණක් මනා තත්ත්වයෙන් තිබිය යුතු ය.
    3. රියදුරුට පාලනය කළ හැකි නම් කුමන වාහනයක් වුව ද ධාවනය කළ හැකිය.
    4. එහි සියලුම අංග මනා කාර්මික තත්ත්වයෙන් යුතු බව, රක්ෂණ සහතිකය ආදායම් බලපත්‍රය සමග අවශ්‍ය ලේඛන තිබිය යුතු ය.

31. ආලෝක සංඥා මගින් පාලනය වන මංසන්ධි කොටුව සලකුණු කර ඇත්තේ,

    1. මංසන්ධියෙන් දකුණට හැරවීම හැර මීනෑම අවස්ථාවක ඇතුලුවීමට.
    2. මංසන්ධිය කෙරෙහි අවධානය වැඩි කිරීමට
    3. කොළ පැහැති ආලෝකය දැල්වුවත් මංසන්ධි කොටුවෙන් පිට වීමට නොහැකි නම් දකුණට හරවන වාහන හැර අන් කිසිදු වාහනයක් ඇතුලු නොකිරීමට.
    4. මංසන්ධියක් නිතරම වාහන තදබද ඇති බව දැන්වීමට.

32. ස්වයංක්‍රීයව ගියර නොවන වාහනයක් තැනිතලා බිමක ගමන් ආරම්භක ක්‍රියාවලියේ දී අවසාන මොහොතේදී දෙපා තැබිය යුතු අයුරු,

    1. දකුණු පාදය බිම් තහඩුවේ සහ වම් පාදය ක්ලච් පෙඩලයේ.
    2. දකුණු පාදය ඇක්සලේරටරයේ සහ වම් පාදය ක්ලච් පෙඩලයේ.
    3. දකුණු පාදය තිරිංග පෙඩලයේ සහ වම් පාදය ක්ලච් පෙඩලයේ.
    4. දකුණු පාදය තිරිංග පෙඩලයේ හා වම් පාදය බිම් තහඩුවේ.

33. පහළට බෑවුමකදී පිටුපසට පදවන ස්වයංක්‍රිය ගියර් නොවන වාහනයකදී දෙපා තැබිය යුතු අයුරු,

    1. දකුණු පාදය බිම තහඩුවේ සහ වම් පාදය ක්ලච් පෙඩලයේ.
    2. දකුණු පාදය තිරිංග පෙඩලයේ සහ වම් පාදය බීම් තහඩුවේ.
    3. වම් පාදය ක්ලච් පෙඩලයේ යාන්තමට සහ
       දකුණු පාදය ඇක්සලරේටරයේ.
    4. වම් පාදය ක්ලච් පෙඩලයේ සහ දකුණු පාදය තිරිංග පෙඩලයේ.

34. ස්වයංක්‍රිය ගියර් නොවන වාහනයක් සාමාන්‍ය තැනිතලා නිදහස් මාර්ගයේ ධාවනයේදී දෙපා තිබිය යුතු අයුරු,

    1. වම් පාදය බීම් තහඩුවේ සහ දකුණු පාදය ඇක්සලරේටරයේ.
    2. වම් පාදය ක්ලච් පෙඩලයේ යාන්තමට සහ දකුණු පාදය
       ඇක්සලරේටරයේ.
    3. වම් පාදය තිරිංග පෙඩලයේ යාන්තමට සහ දකුණු පාදය
       ඇක්සලරේටරයේ.
    4. වම් පාදය ක්ලච් පැඩලයේ සහ දකුණු පාදය තිරිංග පෙඩලයේ.

35. ස්වයංක්‍රිය ගියර් නොවන වාහනයක් මාර්ග තදබදය ඇති අවස්ථාවක ධාවනයේදී දෙපා තිබිය යුතු අයුරු,

    1. වම් පාදය ක්ලච් පෙඩලයේ සහ දකුණු පාදය තිරිංග පෙඩලයේ යාන්තමට.
    2. වම් පාදය බිම් තහඩුවේ සහ දකුණු පාදය ඇක්සලරේටරයේ.
    3. වම් පාදය ක්ලච් පෙඩලයේ යාන්තමට සහ දකුණු පාදය
       ඇක්සලරේටරයේ.
    4. වම් පාදය බිම් තහඩුවේ සහ දකුණු පාදය තිරිංග පෙඩලයේ.

36. වාහනයක් පසුකර ගෙනයෑමේ දී නිවැරදි ක්‍රියාමාර්ග වනුයේ

    1. සංඥා යොද මාර්ගය හොඳින් නිරීක්ෂණය කර වාහනය
       නිවැරදිව පාලනය කිරීම ය.
    2. වාහනයේ වේගය වැඩි කර සංඥා යොද මාර්ගය හොඳින්
       නිරීක්ෂණය කර වාහනය නිවැරදිව පාලනය කිරීම.
    3. මාර්ගය හොඳින් නිරීක්ෂණය කර සංඥා යොද වාහනය නිවැරදිව පාලනය කිරීම.
    4. වාහනයේ වේගය අනුව ක්‍රියාවලිය වෙනස්වේ.

37. වෙනත් වාහනයකට ඉස්සර කිරීමේ දී මුලින් ම කල යුත්තේ,

    1. තමාගේ වේගය නිසි ප්‍රමාණයට සකසා ගැනීම ය.
    2. සංඥා දැමීම ය.
    3. කණ්නාඩියෙන් පිටුපස බැලීම ය.
    4. වාහනය නිවැරදි මාර්ග තීරුවට ගැනීම ය.

38. වෙනත් වාහනයකට ඉස්සර කිරීමට සූදානම් වන විට තවත් අයෙක් ඔබට ඉස්සර කිරීමට එන බව හැඟුනහොත් මුලින්ම කළ යුත්තේ,

    1. වහාම ඉතා පැහැදිලි ලෙස ඔබ ඉස්සර කිරීමට සූදානම් බව හඟවන සංඥා දැමීම යි.
    2. වහාම ඉතා පැහැදිලි ලෙස වේගය අඩු කරන සංඥාව දැමීම යි.
    3. වහාම ඉතා පැහැදිලි ලෙස තමන් වම් අයිනට ඊමට
       සූදානම් බව හඟවන සංඥාව දැමීම යි.
    4. පිටුපසින් එන වාහනය ගැන සැලකිලිමත් වීම අවශ්‍ය නැත.

39. පදික වේදිකාව අයිනේ දික් අතට මාර්ගයේ කහ ඉරක් ඇඳ තිබුණහොත්,

   1. එම ස්ථානයේ වාහන නවතා තැබිය හැක.
   2. එම ස්ථානයේ වාහන නවතා තැබිය නොහැක.
   3. වම් පස රෝද දෙක පදික වේදිකාව මත සිටින සේ නවතා තැබිය හැක.
   4. මහා මාර්ගයේ අයින පෙන්නුම් කරන ආසන්න රේඛාවයි.

40. පදික වේදිකාව අයිනේ දික් අතට සුදු ඉරක් ඇඳ තිබුණොත්,

   1. එම ස්ථානයේ වාහන නවතා තැබිය හැක.
   2. එම ස්ථානයේ වාහන නවතා තැබිය නොහැක.
   3. වම්පස රෝද දෙක පදික වේදිකාව මත සිටින සේ නවතා තැබිය හැක.
   4. මහා මාර්ගයේ අයින පෙන්නුම් කරන ආසන්න රේඛාවය.

41. මෝටර් රථයක ක්ලච් එක ලිස්සීම දැනගත හැකිවන්නේ,

   1. ගියර් දැමීමට නොහැකි විමෙන්
   2. ගියර් දැමීමේදී ශබ්දයක් ඇසීමෙන්
   3. ගියර් යොද ක්ලචය එන්ජිමට සම්බන්ධ කිරීමේ ද එන්ජිම වැඩිපුර රේස් විමෙන්
   4. ක්ලචය නිදහස් කිරීමේදී වාහනය දෙදරමෙන්

42. වාහනයක ජල පොම්පයේ කාර්යය වනුයේ,

   1. එන්ජිම සිසිල් කිරීම ය.
   2. ජලය සිසිල් කිරීම ය.
   3. එන්ජිම තුළ ජලය සංසරණය කිරීම ය.
   4. එන්ජින් ඔයිල් සංසරණය කිරීම ය.

43. මෝටර් රථයක ඉදිරිපස රෝද වෙව්ලීමට හේතු වනුයේ,

   1. රෝදවල වායු පීඩනය එකිනෙකට වෙනස් විමෙන්.
   2. ඉදිරි රෝදවල ප්‍රමාණය එකිනෙකට වෙනස් විමෙන්.
   3. රෝද වල වායු පීඩනය අඩු විමෙන්.
   4. සුක්කානම් පද්ධතියේ කොටස් ගෙවී යාමෙන්.

44. ටයර් ගෙවීම නිසා වාහනයක් ලිස්සා යන අවස්ථාවක දී,

   1. ටයරයේ පළල වැඩිවීම අවදානම වැඩි කරයි.
   2. ටයරයේ පළල අඩු වීම අවදානම වැඩි කරයි.
   3. ටයරයේ පළල අවදානමට බලපාන්නේ නැත.
   4. ඉහත පිළිතුරු තුනම වැරද ය.

45. වාහනයක් ලිස්සා යන අවස්ථාවේ දී අවදානම අඩු කර ගැනීම සඳහා,

   1. එකවර තිරිංග යොද වේගය පාලනය කළ යුතු ය.
   2. තිරිංග නොයොද ලිස්සා යන දිශාවට විරුද්ධ දිශාවටම සුක්කානම හැරවිය යුතු ය.
   3. ගියර් මගින් පාලනය කර ලිස්සා යන දිශාවට ක්‍රමානුකූලව සුක්කානම පාලනය කළ යුතු ය.
   4. ලිස්සා යන අවස්ථාවක දී අවදානම අඩු කළ නොහැක.

Now you have to take NIC and Admission (Regi.Form Payment) for your exam day.

DEPARTMENT OF MOTOR TRAFFIC
MOTOR TRAFFIC ACT CHAPTER 203
RECEIPT FOR PAYMENT
Photograph
ISSUED WITHOUT ANY ALTERATIONS OR ERASURES

Remember the last **4** digits of the barcode at the top. That is what gives results.

If there is an examination at Verahera DMT / RMV J Hall. If shots are fired, they are not allowed inside. Go a little tidy.

Upon entering, your fingerprints will be taken and the answer sheet will be given. It has to write your details. Remember to write down your barcode number (**8** digits) and the number of the paper you receive. (They say God with a little lecture)

If you fail the exam you will have to pay Rs.**250** again and take another day about a week later.

If you pass the exam then you have to go to **3** counters.

1. Archive (Go to this only if you like. It only has two L boards for Rs. **100)**

2. In this case you will be given a temporary license.

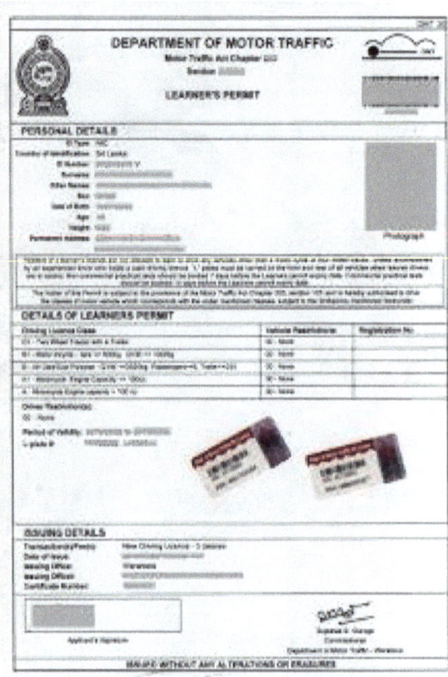

3. You will be given one day for the practical test along with the application.

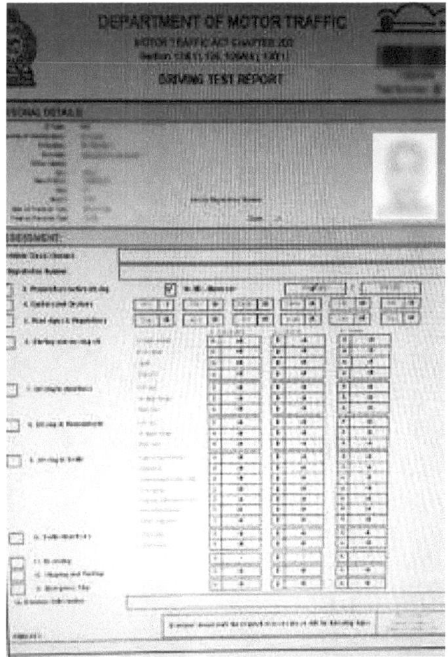

That's all!